INDICE

INTRODUCCIÓN A LA TEORÍA DEL COLOR

El color es una parte fundamental de nuestra vida cotidiana. Desde la ropa que elegimos hasta la decoración de nuestro hogar, los colores que nos rodean influyen en nuestra forma de pensar, sentir y actuar. Pero, ¿alguna vez te has preguntado por qué nos sentimos atraídos hacia ciertos colores y no hacia otros? ¿Por qué el color rojo se asocia con el amor y la pasión, mientras que el verde se asocia con la naturaleza y la tranquilidad?

Es en este punto donde entra en juego la teoría del color. La teoría del color es una disciplina que se encarga de estudiar cómo percibimos los colores y cómo los colores interactúan entre sí. Es decir, se trata de un conjunto de principios y reglas que nos permiten comprender cómo los colores funcionan en diferentes contextos y cómo podemos utilizarlos para crear diferentes efectos visuales.

Pero, ¿por qué es importante la teoría del color? Para empezar, la teoría del color es fundamental en el diseño gráfico y la publicidad. Los diseñadores gráficos utilizan la teoría del color para crear diseños efectivos y atractivos que llamen la atención de su público objetivo. Además, la teoría del color también es importante en la fotografía, la moda, la pintura y muchas otras disciplinas creativas.

Pero la importancia de la teoría del color va más allá del mundo de la creatividad. Los colores también tienen un impacto en nuestro estado de ánimo y en nuestra salud mental. Por ejemplo, se sabe que los colores cálidos como el rojo y el naranja pueden aumentar la energía y la pasión, mientras que los colores fríos como el azul y el verde pueden tener un efecto calmante y relajante.

En definitiva, la teoría del color es una disciplina fascinante que nos permite entender cómo funcionan los colores en diferentes contextos y cómo podemos utilizarlos para lograr diferentes efectos visuales. Espero que este pequeño vistazo te haya despertado la curiosidad por conocer más sobre este tema y te haya animado a seguir leyendo sobre la teoría del color.

2 EL CÍRCULO CROMÁTICO

El círculo cromático es una herramienta fundamental en la teoría del color y nos ayuda a entender la relación entre los colores y cómo interactúan entre sí.

El círculo cromático es una rueda que muestra los colores organizados en un orden específico. Por lo general, se divide en doce colores que se organizan en tres categorías: colores primarios, colores secundarios y terciarios. Los colores primarios son el rojo, el amarillo y el azul, mientras que los colores secundarios se forman al mezclar dos colores primaries, y son el verde, el morado y el Naranja. Los colores terciarios se forman al mezclar un color primario y un color secundario.

El círculo cromático es una herramienta útil para comprender las relaciones de color. Por ejemplo, los colores que están uno al lado del otro en el círculo cromático se denominan colores análogos y suelen armonizar bien juntos. Los colores opuestos en el círculo cromático se denominan complementarios y, cuando se combinan, crean un contraste fuerte y atractivo.

Otra forma de usar el círculo cromático es para crear paletas de colores. Una paleta de colores es una selección de colores que se utilizan juntos en un diseño. Es importante elegir colores que se complementen y armonicen bien entre sí, lo que puede dar como resultado un diseño visualmente atractivo.

Sin embargo, el círculo cromático no es una herramienta estricta y no debe ser visto como una regla fija. Es importante tener en cuenta que, en la vida real, los colores pueden tener una gran variación y pueden ser interpretados de diferentes maneras según el usuario y la percepción individual. Además, no todos los colores se ajustan perfectamente a las categorías del círculo cromático y algunos colores pueden estar en el límite entre dos categorías o no encajar en ninguna categoría.

En resumen, el círculo cromático es una herramienta útil y práctica para comprender las relaciones de color y crear paletas de colores atractivas y cohesivas. Sin embargo, no debe ser visto como una regla fija y es importante tener en cuenta la variación y percepción individual de los colores. Espero que este breve vistazo al círculo cromático te haya ayudado a comprender mejor esta herramienta fundamental en la teoría del color.

*¡Al final del libro encontrarás un ejemplo de círculo cromático para colorear!

3 LOS COLORES PRIMARIOS Y SECUNDARIOS

El tema de los colores primarios y secundarios es fascinante y puede ser muy útil para entender cómo funcionan las combinaciones de colores. ¡Así que prepárate para conocer algunos secretos del mundo del color!

En primer lugar, es importante saber que los colores primarios son aquellos que no pueden ser creados a partir de la mezcla de otros colores. Es decir, son los "colores básicos" que se utilizan como punto de partida para crear otros colores. Los tres colores primarios son el rojo, el azul y el amarillo.

Pero ¿cómo se obtienen los demás colores? La respuesta está en los colores secundarios. Estos colores se crean a partir de la mezcla de dos colores primarios en partes iguales. Los tres colores secundarios son el verde (mezcla de azul y amarillo), el naranja (mezcla de rojo y amarillo) y el violeta (mezcla de rojo y azul).

Ahora bien, ¿por qué son importantes los colores primarios y secundarios? Porque a partir de ellos se pueden crear combinaciones de colores armónicas y atractivas visualmente. Por ejemplo, la combinación de colores primarios rojo, amarillo y azul puede generar una sensación de equilibrio y armonía, mientras que la combinación de colores secundarios verde, naranja y violeta puede generar una sensación de energía y vitalidad.

Además, es importante destacar que la

teoría del color no es algo rígido y absoluto. Puedes experimentar con diferentes combinaciones de colores y crear tus propias reglas. ¡La creatividad es el límite!

En resumen, los colores primarios y secundarios son fundamentales para entender cómo se combinan los colores y cómo se pueden crear efectos visuales atractivos. Recuerda que no hay reglas estrictas en la teoría del color, ¡así que diviértete experimentando!

4 LOS COLORES COMPLEMENTARIOS

Hablar sobre los colores complementarios es súper interesante, porque son una de las combinaciones de colores más llamativas y efectivas en el mundo del diseño.

Los colores complementarios son aquellos que se encuentran en lados opuestos del círculo cromático. Por ejemplo, el rojo y el verde, el azul y el naranja, o el amarillo y el violeta. Cuando se combinan, estos colores crean un contraste visual que es muy atractivo y llamativo.

Pero, ¿cómo se utilizan los colores complementarios en el diseño? Hay muchas formas de hacerlo. Por ejemplo, puedes utilizar un color complementario para resaltar un elemento específico en un diseño. Si tu diseño es predominantemente verde, por ejemplo, puedes utilizar un toque de rojo para hacer que un elemento resalte y llame la atención del espectador.

Otra forma de utilizar los colores complementarios es a través de la superposición de colores. Si superpones dos colores complementarios, pueden crear un efecto de vibración óptica que es muy interesante visualmente. También puedes utilizar los colores complementarios en la selección de colores para tu marca o identidad visual, para crear una imagen distintiva y llamativa.

En cualquier caso, es importante tener en cuenta que el uso de los colores complementarios puede ser un poco arriesgado, ya que puede ser muy llamativo y a veces incluso un poco chocante. Por lo tanto, es importante utilizarlo con moderación y de manera efectiva para lograr el efecto deseado.

En resumen, los colores complementarios son una de las combinaciones de colores más efectivas y atractivas en el diseño. ¡Experimenta con ellos y descubre cómo puedes utilizarlos para hacer que tus diseños destaquen!

5 EL SIGNIFICADO DEL COLOR

Hablar sobre el significado del color es muy interesante, ya que los colores tienen un impacto emocional y psicológico en nosotros. ¡Vamos a descubrirlo juntos!

Cada color tiene su propio significado y puede transmitir una amplia gama de emociones y sensaciones. Por ejemplo, el rojo es el color del amor y la pasión, el azul representa la tranquilidad y la confianza, el verde es un color que evoca la naturaleza y la armonía, y el amarillo se asocia con la felicidad y la alegría.

Es importante tener en cuenta que el significado del color también puede variar según la cultura y el contexto. Por ejemplo, en algunas culturas el blanco es el color de la pureza y la inocencia, mientras que en otras se asocia con el luto y el duelo.

En el mundo del diseño, es importante considerar el significado del color al seleccionar la paleta de colores para un proyecto. Los colores que se utilizan en un diseño pueden tener un impacto en cómo se percibe y se interpreta el mensaje que se está transmitiendo.

Además, el significado del color también puede ser utilizado en el branding y la identidad visual de una marca. Los colores que se utilizan en un logotipo o en una campaña publicitaria pueden ayudar a transmitir los valores y la personalidad de la marca.

En cualquier caso, es importante recordar que los colores no tienen un significado universal y absoluto. El impacto emocional que tienen los colores puede variar de persona a persona y de contexto a contexto.

En resumen, el significado del color es un aspecto muy interesante y relevante en el diseño y la comunicación visual. ¡Recuerda considerar el impacto emocional que los colores tienen en tu proyecto y utiliza los colores de manera efectiva para transmitir tu mensaje!

6 APLICACIONES PRÁCTICAS DE LA TEORÍA DEL COLOR

Hablar sobre las aplicaciones prácticas de la teoría del color es muy emocionante, ya que los colores juegan un papel importante en nuestras vidas cotidianas y en muchos campos profesionales, incluyendo el diseño gráfico, la publicidad, la moda y la arquitectura.

En el diseño gráfico, la teoría del color se utiliza para crear diseños atractivos y efectivos. Al seleccionar la paleta de colores para un diseño, es importante considerar el significado y el impacto emocional de cada color. Los colores que se utilizan en un diseño pueden afectar la forma en que se percibe y se interpreta el mensaje que se está transmitiendo.

En la publicidad, los colores también juegan un papel importante. Los anuncios que utilizan colores vibrantes y llamativos son más propensos a atraer la atención del espectador y a ser recordados. Además, los colores que se utilizan en un anuncio pueden ayudar a transmitir los valores y la personalidad de la marca.

En la moda, la teoría del color se utiliza para crear combinaciones de colores atractivas y armoniosas en la ropa y los accesorios. Los diseñadores de moda utilizan la teoría del color para crear colecciones que sean visualmente atractivas y cohesivas.

En la arquitectura y el diseño de interiores, la teoría del color se utiliza para crear espacios que sean visualmente atractivos y que transmitan una determinada sensación o ambiente. Por ejemplo, los colores cálidos como el rojo, el naranja y el amarillo pueden crear un ambiente acogedor y confortable, mientras que los colores frescos como el azul y el verde pueden crear un ambiente relajante y refrescante.

Además, la teoría del color también se utiliza en la medicina y la terapia. Se cree que los colores pueden afectar el estado de ánimo y la salud de las personas. Por ejemplo, se ha demostrado que los colores cálidos pueden aumentar la energía y la vitalidad, mientras que los colores fríos pueden ayudar a reducir el estrés y la ansiedad.

7 CONCLUSIÓN

¡Wow! Hemos recorrido un camino impresionante a través de la teoría del color. Desde los conceptos básicos de la rueda de colores hasta la aplicación práctica en diferentes campos profesionales, hemos aprendido mucho sobre cómo los colores pueden afectar nuestro estado de ánimo, nuestras emociones y nuestra percepción del mundo que nos rodea.

Es fascinante ver cómo los colores pueden ser utilizados para comunicar diferentes mensajes, crear ambientes y evocar diferentes emociones. La teoría del color es una herramienta poderosa que se puede utilizar para mejorar el impacto y la efectividad en muchos campos, incluyendo el diseño gráfico, la publicidad, la moda y la arquitectura.

Es importante tener en cuenta que la teoría del color no es una ciencia exacta, sino que es un campo de estudio en constante evolución. A medida que nuestra comprensión de la psicología del color y su aplicación en diferentes campos continúa desarrollándose, es importante estar al día con las últimas tendencias y descubrimientos.

En resumen, la teoría del color es una herramienta poderosa que se puede utilizar para crear diseños atractivos, comunicar mensajes efectivamente y evocar emociones. Espero que este libro te haya ayudado a comprender mejor los conceptos básicos de la teoría del color y cómo puedes aplicarlos en tu vida profesional y personal. ¡Recuerda que los colores están en todas partes y pueden tener un gran impacto en cómo percibimos el mundo que nos rodea!

8 DATOS CURIOSOS

Aquí tienes 50 datos curiosos, unos cuantos un poco locos:

1. El color más popular en todo el mundo es el azul.
2. Los humanos pueden percibir más de 7 millones de colores diferentes.
3. El primer libro que se escribió sobre el color fue "Opticae Thesaurus" de Isaac Newton en 1704.
4. El rosa no se consideró un color para la ropa de bebé hasta mediados del siglo XX.
5. La palabra "cromatopsia" se refiere a la percepción anormal del color.
6. La luz blanca está compuesta por todos los colores del espectro.
7. El ojo humano no puede ver el color ultravioleta.
8. El color que una persona elige para su ropa puede revelar mucho sobre su personalidad.
9. La mayoría de las señales de tráfico

rojas son en realidad naranjas porque son más visibles en la nieve.

10. El pintor Wassily Kandinsky asociaba diferentes colores con diferentes emociones y sonidos.

11. El color de la comida puede afectar cómo percibimos su sabor.

12. El color amarillo puede hacer que las personas se sientan ansiosas.

13. El color negro se asocia comúnmente con la muerte y el luto en muchas culturas.

14. Los colores pastel se hicieron populares en la década de 1950 y se asocian comúnmente con la moda vintage.

15. Los colores brillantes como el rojo y el amarillo pueden hacer que una persona se sienta más hambrienta.

16. El color azul se asocia comúnmente con la calma y la tranquilidad.

17. La terapia de color se ha utilizado para tratar una variedad de enfermedades mentales y

emocionales.

18. El color púrpura se ha asociado históricamente con la realeza y la nobleza.

19. El color verde se asocia comúnmente con la naturaleza y la esperanza.

20. Los colores oscuros como el negro y el marrón pueden hacer que una habitación se sienta más pequeña.

21. Las serpientes ven el mundo en tonos de verde y azul, pero no pueden ver los colores rojo y naranja.

22. El uso de la luz roja por la noche puede ayudar a mejorar la calidad del sueño.

23. El color blanco se asocia comúnmente con la pureza y la limpieza.

24. El color naranja se asocia comúnmente con la energía y la creatividad.

25. Los colores cálidos como el rojo y el amarillo se asocian comúnmente con la felicidad y la alegría.

26. En la cultura china, el color rojo se considera un color de buena suerte.

27. El pintor francés Paul Gauguin usó colores vibrantes en su obra de arte para representar emociones y sentimientos.

28. El color de las paredes en una habitación puede afectar el estado de ánimo de las personas que la ocupan.

29. Los colores oscuros pueden hacer que una habitación se sienta más formal.

30. El color plateado se asocia comúnmente con la tecnología y la innovación.

31. El color dorado se asocia comúnmente con la riqueza y la opulencia.

32. Los científicos han descubierto que la luz artificial puede afectar el comportamiento y los patrones de sueño de los animales.

33. El color rosa se asocia comúnmente con el amor y la feminidad.

34. Los colores claros como el rosa y el azul claro pueden hacer que una habitación se sienta más espaciosa.

35. El color verde se ha utilizado históricamente para calmar los nervios y reducir el estrés.

36. El pintor holandés Vincent van Gogh utilizó el color para expresar su emoción y estado mental.

37. Los colores pastel se asocian comúnmente con la dulzura y la delicadeza.

38. El color negro se asocia comúnmente con la elegancia y el poder.

39. En la cultura japonesa, el color rojo se asocia con el sol naciente y se utiliza en festivales y ceremonias.

40. El color rojo se ha utilizado históricamente en la publicidad para llamar la atención de los consumidores.

41. El color púrpura se ha utilizado históricamente para simbolizar la realeza y la nobleza.

42. Los colores cálidos pueden aumentar el apetito, lo que es por qué a menudo se utilizan en restaurantes y establecimientos de comida rápida.

43. El pintor español Pablo Picasso experimentó con la mezcla de colores y la abstracción en su obra de arte.

44. El color amarillo se asocia comúnmente con la felicidad y la energía.

45. En la cultura india, el color rojo se considera un color de buena suerte y se utiliza en ceremonias y bodas.

46. El color azul se ha utilizado históricamente en la ropa de los trabajadores para indicar que eran de bajo rango social.

47. Los colores pastel se han utilizado históricamente en la moda de primavera y verano.

48. En la cultura egipcia antigua, el color verde se asociaba con la fertilidad y la vida.

49. El color turquesa se ha utilizado históricamente en joyería y decoración

de interiores.

50. El color gris se asocia comúnmente con la sofisticación y la neutralidad.

HORA DE LAS PREGUNTAS

En esta sección tendrás solamente 10 preguntas para demostrar todo lo que sabes sobre la teoría del color. Ojo: Es posible que tengas que investigar un poco más para acertar (las respuestas vienen al final del libro).

1. ¿Qué son los colores primarios?
   a) Los colores que no se pueden mezclar para crear otros colores.
   b) Los colores que se mezclan para crear otros colores.
   c) Los colores que se utilizan en la paleta de colores de una computadora.

2. ¿Cuál es el color complementario del azul?
   a) Naranja

b) Amarillo

c) Rojo

3. ¿Cuál de los siguientes colores se asocia comúnmente con la energía y la felicidad?

a) Rojo

b) Amarillo

c) Verde

4. ¿Cuál es el significado cultural del color blanco en algunas culturas asiáticas?

a) Luto

b) Pureza y paz

c) Peligro

5. ¿Qué son los colores análogos?

a) Colores que se encuentran uno al lado del otro en la rueda de colores.

b) Colores que se encuentran en diferentes extremos de la rueda de colores.

c) Colores que no tienen ninguna relación entre sí.

6. ¿Cuál es el significado cultural del color morado en algunas culturas occidentales?

a) Realeza y nobleza
b) Fertilidad y vida
c) Luto

7. ¿Qué son los colores fríos?

a) Colores que contienen tonos cálidos como el amarillo y el naranja.
b) Colores que contienen tonos fríos como el azul y el verde.
c) Colores que son neutros como el blanco y el negro.

8. ¿Cuál es el color complementario del verde?

a) Rojo
b) Morado
c) Azul

9. ¿Cuál de los siguientes colores se asocia comúnmente con la tristeza y la depresión?

a) Azul
b) Amarillo
c) Rojo

10. ¿Qué es la saturación en la teoría del color?

a) La intensidad o pureza del color.

b) La cantidad de luz que refleja un objeto.

c) La dirección de la luz que ilumina un objeto.

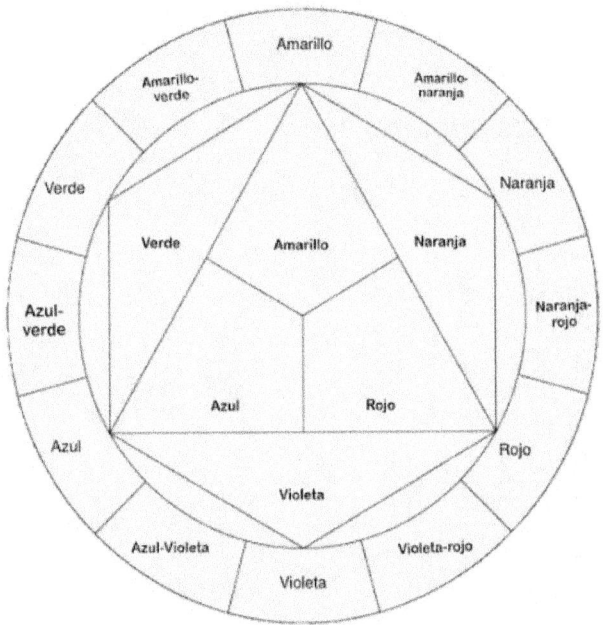

¡Colorea tu propio círculo cromático!

¡Hiciste trampa!

1. A
2. C
3. B
4. B
5. A
6. A
7. B
8. A
9. A
10. A